CONCLUSIONS EN RÉPLIQUE

POUR

M. James HAMILTON, Marquis D'ABERCORN

DEMANDEUR,

CONTRE

M. le Duc d'HAMILTON

DÉFENDEUR.

PLAISE A L'EMPEREUR EN SON CONSEIL D'ÉTAT.

§ I. — SUR LA QUESTION DU FOND.

I. Attendu qu'il est constant *en fait* et reconnu par toutes les parties, que M. le Marquis d'Abercorn est le plus proche descendant *par les mâles* de James (Jacques) Hamilton, comte d'Arran, en faveur duquel, pour nous servir des termes mêmes du décret attaqué, a été *créé* par lettres patentes du Roi de France Henri II, en date du 5 février 1548, *le titre héréditaire* de duc de Châtellerault, et dont M. le Duc d'Hamilton n'est descendant, et non le plus proche, que *par une femme*, la Duchesse Anne d'Hamilton.

Attendu *en droit*, qu'alors même qu'il serait établi, ce qui n'est pas, que la Duchesse Anne, aux droits de laquelle se prétend M. le Duc d'Hamilton, aurait eu de son vivant, et jusqu'à sa mort, un droit quelconque au duché de Châtellerault, il n'en résulterait nullement que c'est à M. le

Duc d'Hamilton qu'appartient aujourd'hui le titre héréditaire de duc de Châtellerault; que pour qu'il en fût ainsi, il faudrait que ce droit eût pu être transmis héréditairement, à la mort de la Duchesse Anne, arrivée en 1716, à son fils James, quatrième duc d'Hamilton, et de plus, à la mort de Douglas, huitième duc d'Hamilton, arrivée en 1799, à l'oncle de ce dernier, neuvième duc d'Hamilton, duquel descend le défendeur, M. Guillaume-Alexandre-Louis-Étienne, douzième duc d'Hamilton.

II. Attendu que les termes formels de l'article 4 de l'édit du mois de mai 1711 s'opposent à ce qu'il ait pu en être ainsi, et à ce que M. le Duc d'Hamilton ait un droit héréditaire quelconque au titre de duc de Châtellerault.

Attendu, en effet, que cet article dispose que « *par les termes* D'HOIRS ET » SUCCESSEURS, *et par les termes* D'AYANTS CAUSE, *tant insérés* DANS LES LETTRES » D'ÉRECTION CI-DEVANT ACCORDÉES, *qu'à insérer dans celles qui pourraient être* » *accordées à l'avenir,* NE SERONT ET NE POURRONT ÊTRE ENTENDUS *que les en-* » *fants mâles descendus de celui en faveur duquel l'érection aura été faite,* » ET QUE LES MALES QUI EN SERONT DESCENDUS DE MALES EN MALES, *en quelque* » *ligne et degré que ce soit* ».

Qu'il résulte évidemment de cet article, qu'en admettant même que la Duchesse Anne ait pu, en 1711, être en possession d'un droit quelconque au duché de Châtellerault, et qu'en admettant encore que par le fait même de la promulgation de l'édit, elle n'ait pas été dépossédée de plein droit au profit de James Hamilton, sixième comte d'Abercorn, mort en 1734, et auteur du demandeur, elle n'a pas pu, à sa mort arrivée en 1716, transmettre ce droit à son fils James Douglas; mais que c'est ledit James Hamilton, sixième comte d'Abercorn, qui se serait trouvé saisi de ce droit après elle, de par la force même de la loi qui régissait à cette époque et qui régit encore la transmission héréditaire des titres de duc créés par nos anciens Rois: Que ledit article, en effet, s'opposait à ce que, *dans l'avenir,* aucune transmission de duché érigé, *comme dans l'espèce,* en faveur d'une personne, *ses hoirs successeurs et ayants cause,* pût s'opérer en faveur de quiconque ne descendrait pas *par les mâles de celui en faveur de qui l'érection a été faite,* et que James Hamilton, sixième comte d'Abercorn, était, en 1716, le plus proche descendant par les mâles, du premier titulaire, tandis que le fils de la duchesse n'en descendait que par les femmes, et était *un Douglas*.

Qu'il est impossible de prétendre que cette solution attribuerait à l'édit un effet rétroactif, puisqu'elle lui fait interpréter les termes d'hoirs, successeurs et ayants cause non dans le passé, mais pour les transmissions à venir; puisque ainsi entendu, l'article 4 ne touche pas aux droits de la Duchesse Anne, si tant est qu'elle ait pu en avoir et qu'ils aient constitué des droits acquis; et puisqu'il ne touche pas non plus aux droits de son fils, par la raison qu'on ne peut pas avoir de droits acquis dans une succession qui n'est pas ouverte, le législateur étant toujours maître de changer et de régler comme il l'entend pour l'avenir l'ordre des successions, et que celle de la Duchesse Anne *n'était pas ouverte en 1711*. Que c'est là un principe certain et que la défense a proclamé elle-même, à deux reprises différentes, à la page 46, lorsqu'elle cite comme exemple de droits acquis « ceux qui » se trouveraient dans une succession ouverte et dont nous a saisi la loi en » vigueur au moment de son ouverture » (Merlin, V° *Effet rétroactif*, sect. III, § 1), et à la page 47, lorsqu'elle ajoute que c'est la loi « sous laquelle » s'ouvre une succession qui détermine seule quels sont ceux qui doivent » la recueillir, et quel est le droit des appelés dans les biens qui la compo-» sent ». (Merlin, *eod. verb.*, sect. V, § 6.)

III. Attendu qu'en vain M. le Garde des Sceaux, dans son avis, argumente de l'article 5 de l'édit de 1700 et prétend appliquer au duché de Châtellerault les clauses de cet article qui édicterait, d'après lui, « que les » clauses générales, en vertu desquelles les femmes avaient été déjà mises » en possession, recevraient leur exécution, que seulement la transmission » ne s'effectuerait plus désormais qu'au profit de leurs descendants mâles », d'où M. le ministre conclut que « si la Duchesse Anne était déjà, avant » l'édit de mai 1711, saisie du droit au titre de duc de Châtellerault, en » vertu des lettres patentes de 1548, elle aura évidemment transmis ce » droit, aux termes de l'édit lui-même, à son descendant mâle, le duc ac-» tuel de Châtellerault », c'est-à-dire à M. le Duc d'Hamilton.

Qu'il suffit de lire l'édit de 1711 pour voir l'erreur de droit dans laquelle est tombé M. le Ministre; qu'en effet, cet édit contient deux dispositions parfaitement distinctes, dont chacune est relative *à une forme spéciale de lettres d'érection;* que dans l'article 4, il s'occupe des lettres d'érection accordées en faveur d'une personne *et de ses hoirs, successeurs et ayants cause,* et édicte, relativement aux lettres ainsi conçues, la règle d'interprétation que nous connaissons, à savoir que ces termes ne pourront s'entendre que des héritiers mâles, *descendus de mâles en mâles, de celui en faveur de qui l'érection aura été faite;* que dans l'article 5 il s'occupe des lettres d'érection qui mentionnent *nominativement les femmes* et portent que le duché est créé en faveur d'une personne et de « *ses successeurs et ayants cause, tant* » *mâles que femelles, en quelque degré que ce soit.* »; (ex. le duché de Piney, voir Daguesseau, tome III, p. 627); et qu'il dispose que, dans ces sortes d'érections, qui comprenaient généralement les femmes comme les mâles, la clause exceptionnelle en faveur des femmes ne pourra être entendue que pour une première transmission féminine, à l'égard de celle qui descendra et sera de la « maison et du nom de celui en faveur de qui les lettres » auront été accordées, à la charge qu'elle n'épousera qu'une personne que » nous jugerons digne de posséder cet honneur, et dont nous aurons agréé » le mariage par des lettres patentes adressées au parlement de Paris, et » qui porteront confirmation du duché en sa personne et descendants » mâles, etc., etc. », c'est-à-dire en la personne même du mari, ainsi que le prouvent les termes des lettres patentes du 14 mai 1768, portant confirmation en la personne du marquis de Fosseux, époux d'Anne-Charlotte de Montmorency, du duché de Montmorency. Attendu qu'il est certain que la formule des lettres d'érection de 1548 place le duché de Châtellerault sous l'empire de l'article 4 et non de l'article 5, puisque l'article 4 prévoit les érections faites en faveur des *hoirs, successeurs et ayants cause,* l'article 5, celles faites expressément en faveur « *des successeurs et ayants cause, tant* *mâles que femelles* », et que les lettres patentes de 1548 contiennent la clause en faveur *des hoirs, successeurs et ayants cause,* sans qu'on y trouve aucune mention de la descendance féminine; qu'ainsi donc, l'argument tiré par M. le Garde des Sceaux de l'article 5 de l'édit tombe de lui-même, et que la transmission du titre de duc de Châtellerault, n'a pu être régie que par l'article 4, ce qui établit incontestablement le droit héréditaire de M. le Marquis d'Abercorn audit titre.

IV. Attendu que c'est également en vain que la défense objecte que, dans l'hypothèse où la Duchesse Anne aurait succédé au titre de duc de Châtellerault, James Hamilton, sixième comte d'Abercorn, aurait dû, pour pouvoir exercer le retrait du titre, payer la valeur de la terre sur le pied du denier 25; que, d'une part, en effet, il était de principe que le titre et la dignité de duc n'entraient pas dans l'estimation des duchés, lors du retrait ducal; et que, d'autre part, il est bien évident que la terre de Châtellerault étant confisquée, il ne pouvait être question d'en payer le prix : un pareil payement eût été fait sans cause.

V. Attendu que M. le Duc d'Hamilton est d'autant moins fondé à venir contester le principe de la transmission masculine de duché consacré par l'édit de 1711, que ce n'est qu'en vertu de ce principe même, dont il fait une fausse application, qu'il prétend que le titre héréditaire de duc de Châtellerault lui appartiendrait, *comme ayant passé, en 1799, à la mort de Douglas, huitième duc d'Hamilton,* à l'oncle de ce dernier, *Archibald, neuvième duc d'Hamilton, au moyen du retrait qu'il en aurait exercé sur Élisabeth, comtesse de Derby,* SOEUR ET HÉRITIÈRE *dudit Douglas et fille du sixième duc d'Hamilton*; mais que (*abstraction faite, bien entendu, par nous, dans le but de suivre le raisonnement de M. le Duc d'Hamilton, de cette circonstance qu'à cette époque c'était à John-James Hamilton, neuvième comte d'Abercorn, grand-père du demandeur, et non pas à Douglas, huitième duc d'Hamilton, qu'appartenait le titre dont il s'agit*), la prétention de M. le Duc d'Halmiton, sur ce point, n'est pas soutenable : car pour être autorisé par l'édit de 1711 à exercer le retrait ducal sur la fille, il fallait évidemment que le mâle qui prétendait l'exercer fût appelé par les lettres d'érection à la succession du titre; or, Archibald, neuvième duc d'Hamilton, *n'étant pas un mâle descendu de mâles en mâles* de celui en faveur de qui l'érection avait été faite, n'était pas, aux termes de l'article 4 de l'édit de 1711, l'hoir et le successeur appelé, d'après les lettres patentes de 1548, à la succession du titre de duc de Châtellerault. C'est John James Hamilton, neuvième comte d'Abercorn, qui, s'il n'eût pas d'ailleurs été déjà en possession du titre comme descendant de James, sixième comte d'Abercorn, aurait eu seul qualité pour en exercer le retrait sur la Comtesse de Derby, et qui l'aurait transmis, à sa mort, arrivée le 27 janvier 1818, à son petit-fils, M. le Marquis d'Abercorn, demandeur.

VI. Attendu qu'il résulte de tout ce qui précède, comme aussi des propositions contenues dans les consultations produites par nous, à l'appui du recours de M. le Marquis d'Abercorn, que c'est à ce dernier qu'appartient aujourd'hui, incontestablement, le titre héréditaire de duc de Châtellerault, créé par le roi de France Henri II en faveur de James Hamilton, deuxième comte d'Arras, et que M. le Duc d'Hamilton n'y a pas le moindre droit héréditaire.

§ II. — Sur la question de recevabilité du recours.

VII. Attendu que c'est un principe certain et de jurisprudence constante, que tous les actes du Souverain, à l'exception de ceux qui sont des actes de politique et de gouvernement, peuvent lui être déférés en son Conseil d'État statuant au contentieux, soit pour incompétence, soit pour lésion ou violation des droits acquis à un tiers, c'est-à-dire des droits dont la conservation est garantie à ce tiers par les lois, soit enfin pour excès de pouvoir.

Attendu : 1° Que si l'Empereur, en son Conseil du sceau, est compétent pour connaître de la demande qu'un particulier, qui se prétend héritier d'un ancien titre héréditaire concédé à l'un de ses ancêtres, par lettres patentes enregistrées au Parlement et qu'il représente, croit devoir lui adresser à fin de maintien et de confirmation de ce titre en sa personne, ce n'est qu'autant que cette demande n'implique pas l'examen de la question de savoir si ledit titre n'appartiendrait pas, d'après les lettres patentes qui l'ont créé et d'après les lois qui en ont régi la transmission héréditaire, *à un descendant du concessionnaire primitif autre que l'impétrant;* que dans ce dernier cas, en effet, la demande soulève un litige purement civil sur une question d'état, de succession et de propriété, dont il n'appartient pas à l'Empereur, en son Conseil du sceau, de connaître, mais qui est de la compétence exclusive des tribunaux civils, ainsi que nous le démontrerons plus loin. (Voir sur le principe et comme analogie, décrets du 2 juin 1819, *d'Adhémar,* Leb., p. 519, et 18 nov. 1818, Leb., p. 428, ainsi que la note.)

Attendu que si, dans la demande qu'elle a adressée à l'Empereur en son Conseil du sceau, à fin de maintien et de confirmation en la personne de son fils du titre héréditaire de duc de Châtellerault, Madame la Duchesse d'Hamilton a passé complétement sous silence l'existence de M. le Marquis d'Abercorn, il résulte du mémoire produit à l'appui de la demande, et signé : Teulet, que les droits de M. le Marquis d'Abercorn et même ceux de M. le Comte de Derby audit titre, y étaient discutés.

Que l'Empereur ne pouvait donc pas, *en l'état,* connaître de la demande en confirmation, mais qu'il y avait lieu de renvoyer Madame la Duchesse d'Hamilton à se pourvoir, si bon lui semblait, devant les tribunaux civils pour y faire valoir ses prétentions contre M. le Marquis d'Abercorn.

Qu'à ce premier point de vue, donc, le recours est recevable, le décret attaqué étant entaché d'incompétence, d'excès de pouvoir et de violation de la loi.

VIII. Attendu 2° qu'en admettant que l'Empereur ait pu, *en l'état,* statuer sur la demande de Madame la Duchesse d'Hamilton telle qu'elle était formulée, il n'a pu le faire et il ne l'a fait, ainsi que le reconnaît M. le Garde des Sceaux, que sous la réserve des droits du tiers.

Qu'aux termes de la loi et de la jurisprudence, c'est devant l'Empereur, en son Conseil d'État statuant au contentieux, que doivent être portés les recours formés par un tiers contre ceux de ses actes qui blessent leurs droits. (*Voir* Décrets Cons. d'Ét. : 29 janvier 1823, *Defermon,* Leb., p. 29; 9 mai 1832, *Merlin et Berlier* et les conclusions du Commissaire du gouvernement; 24 août 1832, *Réal,* Leb. 32, p. 246, 256 et 492; 1er juillet 1839, *Fermy de St-Martin,* Leb. 6, p. 388 et 389.) Que c'est donc devant le Conseil d'État que devait être porté le recours de l'exposant, puisqu'il est fondé sur ce que le décret attaqué aurait porté atteinte à ses droits.

Qu'il ne pourrait en être autrement que si, par dérogation aux principes

généraux, une loi avait spécialement déféré à une autre autorité la connaissance des recours qui pourraient être formés par un tiers contre un décret du Souverain, portant confirmation au profit d'une autre personne d'un
titre héréditaire qui lui appartient.

Mais que cette loi n'existe pas, et que, notamment, aucun texte législatif n'attribue à l'Empereur, en son Conseil du sceau, qui n'est qu'une juridiction gracieuse, la connaissance de semblables recours.

Que la compétence du Conseil d'État pour connaître des recours qui sont
formés contre les actes du Chef de l'État qui blessent des droits, remonte à
notre ancien droit; que c'était également au Conseil du Roi que devaient
être portés, avant la Révolution française, les recours de cette nature;
qu'il en était ainsi notamment des demandes en rapports des lettres patentes
expédiées en chancellerie, et qui se divisaient, nous apprend Tolozan dans
son commentaire du règlement du conseil, en lettres « *qui sont de pure
» grâce et qui n'ont d'autre cause que la volonté du Roi, celle de gratifier un
» de ses sujets, ou une famille, ou un corps; telles sont les lettres* DE DON DE
» NOBLESSE, L'ÉRECTION D'UNE TERRE EN TITRE DE DIGNITÉ, *etc.* », et en lettres qui
sont de « *pure justice. Comme toutes les lettres du sceau sont accordées à la sup-
» plication d'une partie*, ajoute Tolozan, *et sans entendre,* DU MOINS JURIDI-
» QUEMENT, *les autres parties qui peuvent y être intéressées, elles renferment
» toujours deux conditions qui y sont ou exprimées, ou sous-entendues et sup-
» pléées de droit. La première est que l'exposé soit véritable, si preces veritate
» innitantur. L'exposé fait par l'impétrant peut être vicieux et contraire à la
» vérité, ou parce qu'il a allégué un fait faux, per suggestam falsitatem,
» ou parce qu'il a dissimulé un fait véritable, et tel qu'il l'aurait empêché d'ob-
» tenir les lettres, aut per tacitam veritatem. Ce sont ces deux espèces de dé-
» guisement que les canonistes et les autres jurisconsultes ont désignées par
» les termes d'obreption et de subreption, et ce sont aussi les plus forts moyens
» que l'on puisse employer pour faire ordonner le rapport des lettres du sceau.
» La deuxième clause, qui est encore énoncée ou suppléée de droit, est celle-ci :
» Sauf notre droit en autres causes,* ET L'AUTRUI EN TOUTES ; *Jure nostro in aliis,
» et alieno* IN OMNIBUS SEMPER SALVO. *Par ces termes, dignes de la bonté et de
» la justice de nos rois, les lettres ne peuvent en aucun cas préjudicier au droit
» des tiers.* »

Tolozan constate également qu'indépendamment du recours qui lui était ouvert devant le Conseil du Roi, la partie qui prétendait que des lettres de chancellerie avaient lésé ses droits, pouvait s'opposer à leur enrégistrement devant la Cour où elles devaient être enregistrées ; et que quant à la demande en rapport devant le Conseil du Roi, elle était d'abord portée au Conseil des dépêches, lequel rendait un, arrêt qui ordonnait qu'il y serait pourvu au *Conseil des parties.* Enfin, il ajoute que « *si le moyen d'obrep-* » *tion et de subreption dépend du jugement d'une contestation qui soit pendante* » *devant les* JUGES ORDINAIRES, *ou qui soit telle qu'elle exige d'être discutée* » *plus amplement et jugée en justice réglée, le Conseil se porte volontiers à or-* » *donner* QU'AVANT FAIRE DROIT *sur la demande en rapport, les parties feront* » *juger cette contestation* DEVANT LES JUGES ORDINAIRES, *pour, le jugement rap-* » *porté, être statué ce qu'il appartiendra sur le rapport des lettres.* » (Reg. du Conseil, page 243 à 250.)

IX. Attendu, au surplus et 3°, qu'il y a excès de pouvoir quand l'administrateur, tout en faisant un acte de sa compétence, prend des dispositions qui lui sont interdites, et use de son pouvoir discrétionnaire pour un cas, et pour des motifs autres que ceux en vue desquels le pouvoir lui a été attribué, une matière n'étant discrétionnaire que dans les limites tracées par la loi (Serrigny, *de la Comp. adm.*, dernière édition, p. 309 et suiv.; Dareste, *de la Just. adm.*, p. 225. — Décrets Cons. d'État, 1er juin 1849, *ville d'Évreux, Leb.*, p. 254 ; — 3 décembre 1834 , *théâtre du Vaudeville, Leb.*, p. 254 ; — 27 mai 1863, *Drillet de Lannigou, Leb.*, p. 470)...

Attendu que si l'Empereur a le droit de conférer un titre nouveau, et aussi de reconnaître et de confirmer un titre ancien, il ne lui appartient certainement pas de disposer d'un titre dont il reconnaît l'existence comme ancien titre, en faveur d'un autre que celui auquel il appartient d'après les lettres patentes qui l'ont créé, et les lois qui régissent la transmission héréditaire de ce titre, car en agissant ainsi il dépouillerait le légitime propriétaire ; or, les titres nobiliaires constituent une propriété d'une nature spéciale, si l'on veut, mais qui n'est pas moins exclusive et énergique, et qui est tout aussi inviolable que celle des meubles ou des immeubles corporels, aujourd'hui surtout qu'elle est sanctionnée par des lois pénales (art. 259 nouveau, Code pénal); et aucune loi n'autorise l'Empereur à enlever un titre de noblesse à son légitime propriétaire pour le transférer à un autre.

Qu'en admettant donc que l'Empereur ait pu, *en l'état*, connaître de la demande de Madame la Duchesse d'Hamilton, telle qu'elle était formulée, il n'a pas pu, sans excès de pouvoir, maintenir et confirmer en faveur de M. le Duc d'Hamilton le titre de duc de Châtellerault, contrairement aux lettres patentes de 1548 et de l'édit de 1711, qui en attribuent la propriété à M. le Marquis d'Abercorn ; et que dès lors à ce troisième point de vue comme au second, le recours de ce dernier est recevable.

X. Attendu toutefois, et ces principes posés, qu'une difficulté se présente, non pas sur la compétence du Conseil pour connaître du recours, laquelle est incontestable, mais sur l'étendue de cette compétence.

Que l'exposant avait d'abord pensé qu'il ne s'élèverait aucun débat sérieux sur le fond même du droit par lui réclamé, sa généalogie et le texte formel de l'édit de 1711 fournissant, à cet égard, une justification péremptoire ; mais que M. le Duc d'Hamilton ayant dans sa défense, et M. le Ministre dans son avis, contesté le droit de M. le Marquis d'Abercorn à l'ancien titre de duc de Châtellerault, on se trouve en présence d'une question préjudicielle, constituant entre les parties un litige sur la propriété dudit titre, dont la connaissance appartient aux Tribunaux civils, à l'exclusion de l'Empereur en son Conseil d'État statuant au contentieux, et plus certainement encore de l'Empereur en son Conseil du sceau ; et que conséquemment le Conseil doit surseoir à prononcer sur le pourvoi de M. le Marquis d'Abercorn jusqu'à ce qu'il ait été statué par lesdits Tribunaux sur ce litige ; si mieux n'aime le Conseil rapporter dès à présent le décret impérial, sauf aux parties à se pourvoir, si bon leur semble, devant l'autorité judiciaire pour y faire valoir leurs prétentions respectives. (Décrets Cons. d'État, 22 juillet 1818, *Romey, Leb.*, p. 390 ; — 14 août 1822, *Duquesne, Leb.*, 1822, t. II, p. 219 ; — 29 août 1824, *Roguin, Leb.*, p. 562 ; — 3 août 1828, *Godard de Coudeville, Leb.*, p. 588 ; — 23 décembre 1829, *Leb.*, p. 494 ; — 30 novembre 1830, *Leb.*, p. 540 ; — 5 mai

1830, *duc d'Aumont*, Leb., p. 224 ; — 27 mai 1831, Leb., p. 211, etc.)

XI. Attendu qu'avant d'établir la compétence exclusive des Tribunaux civils pour connaître aujourd'hui du litige existant entre les parties, au sujet de la propriété du titre héréditaire de duc de Châtellerault, il n'est pas inutile de jeter un coup d'œil sur les règles de compétence qui étaient suivies en matière de titres nobiliaires avant la Révolution française.

Attendu que si, sous l'ancien droit, il appartenait au Souverain de conférer et de confirmer les titres de noblesse, c'étaient les Parlements, Cours et Tribunaux civils inférieurs, et le Grand Conseil, qui étaient, suivant les cas ou les qualités des parties, les juges ordinaires de toutes les contestations pouvant s'élever au sujet de la propriété des titres de noblesse et des priviléges qu'ils conféraient. (*Voir* Préambule et art. 8 de l'édit de mai 1711; Déclaration du 16 janvier 1782; Déclaration du 8 octobre 1729 ; les Déclarations et édits des 17 décembre 1701 et du mois de mars 1704 rapportés dans l'*Histoire chronologique de la chancellerie de France,* par Tessereau ; et Arrêt de cass. du 19 juillet 1827, *Forbin-Janson,* Sirey, 1827, Collect. nouv. à sa date); que ce n'était qu'exceptionnellement et en vertu de la faculté d'évocation, *qui lui appartenait d'ailleurs en toute matière,* que le Roi en connaissait, mais que même alors c'était *en son Conseil* qu'il en connaissait, sauf pour les questions d'interprétation des lettres patentes qu'il se réservait quelquefois. (Arrêt du 29 septembre 1778, *duché de Lorges,* rapporté dans Merlin. Rép., vº *Duc.*)

Attendu que si cette exception affaiblissait en fait la règle générale, en droit elle ne la détruisait pas, et qu'il est vrai de dire que sous l'ancienne monarchie c'était à l'autorité judiciaire seule qu'appartenait en principe la connaissance de toutes les contestations relatives à la propriété et à la transmission héréditaire des titres de noblesse.

XII. Attendu que les Parlements, Cours, et généralement tous les Tribunaux, tant ordinaires qu'exceptionnels, de l'ancien régime, ayant été supprimés à la suite de la Révolution, ils furent remplacés, pour connaître de toutes les *affaires personnelles, réelles et mixtes,* par les Tribunaux civils.

(Décrets des 16-24 août 1790, titre IV, art. 4 et 5, titre V, art. 1ᵉʳ, et des 7-12 octobre 1790, art. 7 et 13.)

Que notamment le droit de juger et d'évoquer exercé autrefois par le Souverain fut aboli par l'art. 17, t. X, de la loi des 16-24 août 1790 ; qui dispose que « l'ordre constitutionnel des juridictions ne pourra être trou- » blé, ni les justiciables distraits de leurs juges naturels, par aucune com- » mission, ni par d'autres attributions *ou évocations* que celles qui seront » déterminées par la loi, et par l'art. 1ᵉʳ, ch. v, de la Constitution du 3 sep- » tembre 1791 », aux termes duquel « *le pouvoir judiciaire ne peut, en* » *aucun cas, être exercé* par le Corps législatif, *ni par le Roi* ».

Qu'enfin, et d'une façon générale, il résulte des lois qui ont établi notre organisation judiciaire actuelle, que l'autorité judiciaire est aujourd'hui seule compétente pour connaître de toutes les questions et contestations portant sur les objets d'intérêt privé, à moins d'exception formellement édictée par la loi, et sauf la restriction résultant du principe de la séparation des pouvoirs qui interdit aux Tribunaux civils de s'immiscer dans les actes de l'administration. D'où il suit que ces tribunaux sont les juges, non plus seulement ordinaires, mais exclusifs de toutes les contestations pouvant s'élever entre les particuliers au sujet de la propriété et de la transmission des titres de noblesse, aucune évocation ne pouvant leur enlever leurs attributions ; mais que, à la différence de ce qui avait lieu pour le Parle- ment, les décrets du Souverain rendus en cette matière ne peuvent être attaqués directement devant eux, et doivent être d'abord déférés au Con- seil d'État, qui doit soit surseoir à statuer sur le recours jusqu'à ce que le fond du droit ait été examiné par les Tribunaux, soit rapporter le décret et renvoyer les parties devant l'autorité judiciaire.

XIII. Attendu que cette solution ne pourrait être contestée qu'autant qu'on opposerait un texte de loi formel et précis, attribuant compétence en pareil cas à une autorité autre que l'autorité judiciaire ; mais qu'une pareille disposition n'existe pas, et que c'est une erreur de M. le Garde des Sceaux de prétendre qu'elle se trouverait dans le décret du 8 janvier 1859, por- tant rétablissement du Conseil du sceau des titres, et spécialement dans les articles 5 et 6 de ce décret ;

Que l'article 5 porte en effet que : « le Conseil du sceau a, dans *tout*
» *ce qui n'est pas contraire à la législation actuelle*, les attributions *qui ap-*
» *partenaient au Conseil du sceau créé par le décret du* 1ᵉʳ *mars 1808, et à la*
» *Commission du sceau établie par l'ordonnance du 15 juillet 1814* »; et l'article 6, qu'il « délibère et donne son avis premièrement sur *les demandes* en
» collation, confirmation et reconnaissance de titres *que nous aurons ren-*
» *voyées à son examen;* deuxièmement, sur *les demandes* en vérification de
» titres, etc. »

Que ces dispositions sont parfaitement claires; qu'il en résulte simple-
ment que l'Empereur en son Conseil du sceau a le droit de connaître *des*
demandes en collation de titres nouveaux, et en reconnaissance, confirmation et vérification des titres anciens, que les particuliers croient devoir lui
adresser, mais qu'elles ne signifient pas qu'il ait le droit *de juger les contes-*
tations qui peuvent s'élever entre les divers prétendants droits à un ancien
titre nobiliaire; qu'elles n'attribuent en aucune façon à l'Empereur, disons
mieux, qu'elles ne pouvaient lui attribuer une pareille juridiction, à laquelle les règles essentielles établies par *les lois* relatives à notre organisation judiciaire feraient obstacle; et que les termes mêmes du décret sont
en opposition avec l'interprétation qu'en donne M. le Garde des Sceaux,
puisque, d'après le décret, l'Empereur n'a pas voulu conférer au Conseil du
sceau des titres, des attributions contraires, soit à celles qu'avaient le Conseil du sceau de l'Empire et la Commission du sceau de la Restauration, soit
à la législation existant au moment où le décret de 1859 a été rendu.

XIV. Qu'il suffit de se reporter aux différents décrets qui ont créé le
Conseil du sceau du premier Empire, et qui ont successivement réglé sa
compétence, pour voir que les attributions de ce conseil ne présentaient rien
qui ressemblât à un pouvoir de juridiction *contentieuse*. Que le décret de
1808 a pris soin d'attribuer expressément la connaissance des affaires con-
tentieuses qu'il a prévu devoir s'élever, non pas à l'Empereur en son Conseil
du sceau, mais à l'Empereur en son Conseil d'État (art. 42 et 66); que le
décret du 4 mai 1809 reproduit la même distinction; que tandis que le
Conseil du sceau est chargé par l'article 3 de pourvoir *administrativement* à
la conservation des biens des majorats, au contraire, *les contestations* qui

peuvent s'élever, soit entre les possesseurs de majorats, soit entre le nouveau titulaire et les héritiers du titulaire décédé, soit enfin entre l'appelé et les tiers, *touchant les droits de l'appelé,* sont déférés tantôt aux Tribunaux (art. 5, 16, 18), tantôt au Conseil d'État statuant sur l'avis du Conseil du sceau (art. 4, 5, 10); qu'il est même à remarquer que, sauf l'exception portée en l'article 4, relatif aux majorats *situés à l'étranger,* la délimitation entre la juridiction du Conseil d'État et celle des Tribunaux, est fixée conformément aux règles du droit commun, *les Tribunaux civils jugeant toutes les contestations qui s'élèvent entre les particuliers, titulaires ou autres,* et qui constituent de simples débats privés (art. 5, 16, 18);

Qu'enfin, le décret du 14 octobre 1811 confirme de plus fort les mêmes principes, notamment par son art. 7, aux termes duquel *les contestations qui pourraient s'élever sur l'état et la qualité de l'héritier* prétendant recueillir un majorat ou une dotation, soit de la part *de l'intendant du domaine extraordinaire,* soit de la part *de tout autre prétendant droit,* doivent être portés devant les Cours et Tribunaux, qui sont ainsi appelés à statuer sur la transmission du titre de noblesse et du majorat.

XV. Attendu que la Charte de 1814 ayant rétabli l'ancienne noblesse et conservé la nouvelle, les Tribunaux civils se sont trouvés saisis de plein droit en vertu des lois existantes à cette époque, et qui les investissaient de la connaissance de toutes les contestations d'intérêt privé, du droit exclusif de statuer sur les contestations relatives à la propriété et à la transmission des anciens titres de noblesse, comme ils l'étaient déjà des contestations de même nature relatives aux titres créés sous le premier Empire.

Que l'ordonnance du 15 juillet 1814, portant création d'une Commission du sceau, n'a point dérogé à ces principes; qu'elle confère à la nouvelle Commission « les attributions qui, d'après les statuts et règlements relatifs » aux titres et au majorat, ressortissaient au dernier Conseil du sceau des » titres » (art. 2); qu'elle n'aurait pas pu, d'ailleurs, attribuer au Roi, en son Conseil du sceau, la connaissance de contestations qui, d'après la loi en vigueur au moment où elle a été rendue, ressortissaient aux Tribunaux civils, une simple ordonnance royale ne pouvant pas déroger aux prescriptions d'une loi.

XVI. Attendu que la Commission du sceau de la Restauration fut suppri-
mée par l'ordonnance du 30 octobre 1830 et remplacée par le Conseil d'administration du ministère de la justice; que simple division du ministère (art. 2
de l'ord.), ce Conseil ne pouvait évidemment prétendre à aucun pouvoir de
juridiction, et qu'il est certain que si, sous le règne de Louis-Philippe, une
contestation s'était élevée entre deux particuliers relativement à la propriété d'un titre nobiliaire, le différend n'aurait pu être vidé que par les
Tribunaux civils.

XVII. Attendu que la noblesse fut abolie par la Révolution de 1848 et
ne fut rétablie que par le décret-loi du 24 janvier 1852.

Qu'entre ce décret et celui du 8 janvier 1859, qui a rétabli le Conseil du
sceau des titres, il s'est écoulé un intervalle de temps pendant lequel il n'y
eut plus ni Conseil, ni Commission du sceau ; qu'il n'est pas douteux que
pendant cet intervalle, la seule autorité compétente pour statuer sur les
litiges pouvant se produire sur la propriété des titres de noblesse, était
l'autorité judiciaire; que ce ne pouvait pas être l'Empereur *seul*, car depuis
la Révolution française, le Chef de l'État gouverne et administre, mais il
ne peut pas juger les procès; la justice se rend en son nom ; Il ne la rend
pas (Const. 3 septembre 1791, art. 4, chap. v, et Const. de 1852, art. 7).

Attendu qu'il résulte de tout ce qui précède, que l'Empereur, en son Conseil du sceau, est absolument incompétent pour connaître des contestations
relatives à la propriété et à la transmission des titres de noblesse; puisque s'il
en était autrement, il se trouverait avoir des attributions contraires, tout
à la fois à celles qu'avaient le Conseil du sceau du premier Empire et la
Commission du sceau de 1814, et à la législation existant en France à la
date dudit décret, ce que les termes de ce décret repoussent expressément.

XVIII. Attendu qu'entendre le décret de 1859 comme l'a entendu M. le
Garde des Sceaux, c'est par là même l'accuser d'inconstitutionnalité fla-
grante; car, d'après la Constitution de 1852, il n'est permis à l'Empereur
ni de déroger aux lois par un simple décret, ni de juger aucun litige contentieux civil et privé, ou aucun litige contentieux administratif *sans avoir
entendu le conseil d'État.* Or, d'après le décret du 8 janvier 1859, qui n'a

fait que reproduire sur ce point une disposition de l'ordonnance du 15 juillet 1814, le Conseil du sceau *n'est appelé à délibérer et à donner son avis que sur les demandes que l'Empereur juge convenable de renvoyer à son examen;* ce qui implique que l'Empereur *peut juger seul toutes les autres.*

XIX. Attendu que M. le Ministre se trompe non moins gravement, lorsqu'il prétend que la jurisprudence de la Cour de Cassation et des Cours impériales déciderait que c'est au Conseil du sceau, à l'exclusion des Tribunaux civils, qu'appartiendrait la connaissance de toutes les questions relatives à la propriété des titres de noblesse; qu'il suffit de lire les arrêts cités par M. le Garde des Sceaux pour voir qu'ils ne sauraient être interprétés dans ce sens.

Que notamment l'arrêt de la Chambre Civile, du 1er juin 1863, reconnaît *expressément* la compétence des Tribunaux à cet égard. Qu'en effet, dans l'espèce tranchée par cet arrêt, la Cour de Metz avait accueilli une demande en rectification de l'état civil, formée par un sieur de Marguerie et tendant à faire insérer dans son acte de naissance le titre de marquis, qu'il prétendait lui avoir été transmis héréditairement par son père, et que le Procureur Général s'étant pourvu contre cet arrêt, la Cour de Cassation a statué en ces termes : « *Vu les articles 57 et 99 Code Napoléon, et le décret impérial*
» *du 8 janvier 1859, rendu pour l'exécution du statut du 1er mars 1808 et*
» *pour l'application du principe de droit public, qui attribue à l'Empereur,*
» *seul, le droit de conférer, de reconnaître ou de confirmer les titres de no-*
» *blesse. Attendu que l'article 57 Code Napoléon, énumératif des énoncia-*
» *tions substantielles que doivent contenir les actes de l'état civil, n'est pas,*
» *par ses termes, exclusif d'autres mentions complétives, qui peuvent con-*
» *courir à mieux constater l'identité des personnes dénommées dans ces actes,*
» *lorsqu'elles sont justifiées par une notoriété incontestable; attendu que cette*
» *règle est également applicable aux demandes en rectification d'actes de l'état*
» *civil, formées à l'effet d'y faire introduire des mentions de cette nature, qui*
» *y auraient été omises ou que l'officier de l'état civil aurait refusé d'y consi-*
» *gner; attendu, toutefois, que* LORSQU'IL S'AGIT D'UN TITRE NOBILIAIRE, LA
» PROPRIÉTÉ DOIT EN ÊTRE ÉTABLIE PAR UN TITRE RÉGULIER, ET QUE S'IL MANQUE
» DE CETTE CONDITION, *les demandes en rectification des actes de l'état civil qui*

» _ne le relatent pas_, N'AYANT EN RÉALITÉ POUR OBJET _que la reconnaissance ou
» la confirmation de ce titre par justice_, les _Tribunaux de droit commun doi-
» vent s'abstenir d'en connaître tant qu'il n'a pas été statué sur cette recon-
» naissance ou cette confirmation, conformément aux dispositions du décret
» du 8 janvier 1859_; attendu QUE DANS L'ESPÈCE DU POURVOI, IL RÉSULTE DU
» POINT DE FAIT ET DES MOTIFS DE L'ARRÊT ATTAQUÉ, _qu'Henri Evrard de Mar-
» guerie_ NE PRODUISAIT, A L'APPUI DE SA DEMANDE _en rectification d'acte de
» naissance, afin d'y faire insérer_ LE TITRE DE MARQUIS _entre les prénoms et le
» nom patronymique de son père, le général de Marguerie_, AUCUN ACTE DE
» COLLATION NI DE CONFIRMATION DE CE TITRE EN FAVEUR DE SON PÈRE, DE SON
» AÏEUL OU DE SON BISAÏEUL, _mais uniquement des papiers de famille et une ar-
» ticulation de faits de possession plus ou moins discutables; que cependant
» l'arrêt attaqué_, AU LIEU DE DÉCLARER CETTE DEMANDE NON RECEVABLE EN L'ÉTAT,
» _y a fait droit en se fondant sur l'appréciation de ces pièces et de ces faits;
» attendu que, vainement, la Cour de Metz a prétendu distinguer entre le fait
» et le droit, réservant au Conseil du sceau des titres de faire l'application des
» principes de droit aux circonstances de fait qu'elle aurait constatées; que cette
» distinction n'empêche pas qu'elle n'ait, en réalité, reconnu et confirmé, dans
» la personne du père du défendeur, le titre de marquis_, DONT LA PROPRIÉTÉ
» N'ÉTAIT PAS PROUVÉE D'UNE MANIÈRE LÉGALE. » (Sirey, 63, I, 147.)

Qu'il résulte, aussi formellement que possible, de cet arrêt, que la Cour
de Cassation a décidé que _lorsque la propriété d'un titre nobiliaire est établie
par un_ ACTE RÉGULIER, les Tribunaux civils sont compétents pour la constater et pour ordonner la rectification des actes de l'état civil qui ne le
relatent pas, et que si dans l'espèce elle a cassé l'arrêt de la Cour de Metz,
c'est parce qu'il résultait des motifs de cet arrêt, que le sieur de Marguerie
n'avait pu produire, à l'appui de sa demande, _aucun titre de cette nature, tel
qu'un acte de collation ou de confirmation de ce titre en faveur de son père, de
son aïeul ou de son bisaïeul_, mais uniquement des papiers de famille et une
articulation de faits plus ou moins discutables; d'où il suivait que sa demande n'avait, en réalité, pour objet que la reconnaissance ou la confirmation d'un titre, reconnaissance ou confirmation qui rentrait dans les attributions exclusives de l'Empereur; ce qui est parfaitement vrai et
juridique, par la raison que du moment qu'un individu ne peut pas établir

légalement, par la production d'un titre régulier, qu'un titre héréditaire de noblesse a été conféré à l'un de ses ancêtres, la reconnaissance ou la confirmation de ce titre *n'est et ne peut être qu'un acte de* PURE GRACE, qu'il appartient au Souverain seul de faire.

Que les autres arrêts cités par M. le Ministre sont dans le même sens et n'ont pas d'autre signification, étant tous intervenus dans des espèces où les individus demandeurs en rectification d'actes de l'état civil, ou prévenus du délit d'usurpation de titre, prévu par l'article 259 nouveau du Code pénal, n'avaient pu justifier légalement de la propriété du titre auquel ils prétendaient avoir droit, par la production d'un acte régulier portant collation ou confirmation de ce titre en la personne d'un de leurs ancêtres.

XX. Attendu enfin que toutes les fois que la jurisprudence des Cours et Tribunaux a eu à s'expliquer sur la question de savoir quelle est la juridiction compétente pour connaître des contestations pouvant s'élever entre particuliers au sujet de la propriété des titres de noblesse, elle a toujours affirmé de la manière la plus nette la compétence exclusive de l'autorité judiciaire.

Qu'ainsi, dans une affaire Hibon de Frohen contre de Brancas, les membres de la famille de Brancas ayant contesté au sieur Hibon de Frohen le droit de porter le titre de duc de Brancas, que celui-ci prétendait lui avoir été apporté par sa femme, la Cour de Paris a accueilli cette prétention et interdit au sieur Hibon de prendre le titre dont il s'agit ; que ce dernier forma un pourvoi contre cet arrêt, invoquant entre autres moyens la prétendue violation du principe de la séparation des pouvoirs, et de la règle *ejus est interpretari, cujus est condere,* mais que la Cour de Cassation a écarté ce moyen : « *Attendu qu'à l'autorité judiciaire* SEULE *il appartient de décider si,* » *d'après les titres produits, et la législation tant espagnole que française, les* » *demandeurs en cassation ont droit à la grandesse et* AU TITRE DE DUC DE » BRANCAS, *et de prescrire, s'ils n'ont pas ce droit, les mesures nécessaires* » *pour les empêcher de s'en prévaloir en France.* » (Cass., 15 juin 1863.)

Que récemment encore les mêmes principes ont été affirmés par la Cour de Paris dans l'affaire des Montmorency contre M. de Talleyrand-Périgord : « *Sur la compétence,* porte l'arrêt : *Attendu qu'il est incontestable que les*

» *noms*, TITRES *et armes* CONSTITUENT DES PROPRIÉTÉS, ET QUE LES DIFFICULTÉS
» QUI S'ÉLÈVENT A CET ÉGARD ENTRE LES JUSTICIABLES DOIVENT ÊTRE RÉGLÉES PAR
» LES TRIBUNAUX ORDINAIRES. — *Mais que cette propriété en suite de sa nature*
» *spéciale est réglée par une législation particulière; que notamment la loi at-*
» *tribue, en ce qui la concerne, des pouvoirs très-étendus au Chef de l'État;*
» *qu'ainsi, dans les débats qu'elle fait naître, il est nécessairement invoqué*
» *plus qu'en tous autres, des actes de l'autorité souveraine ou administrative;*
» *considérant qu'ainsi les* QUESTIONS DE COMPÉTENCE *qui peuvent se présenter*
» *dans la cause ne naissent pas* DE CE QUE LE PRINCIPE DE LA PROPRIÉTÉ DES
» TITRES ET NOMS, NI L'AUTORITÉ DE LA JUSTICE ORDINAIRE SONT MISES EN QUES-
» TION, *mais de ce que des actes du pouvoir exécutif étant présentés, les juges*
» *ont à examiner dans ce procès, comme dans tout autre, s'ils doivent assurer*
» *l'exécution de ces actes ou les renvoyer devant une autre juridiction, soit*
» *pour leur interprétation, soit pour leur application.* ».

Appliquant ensuite les règles qu'elle venait d'exposer, la Cour se déclara incompétente pour statuer sur le grief articulé par les demandeurs, relativement au titre de duc de Montmorency conféré au comte de Talleyrand Périgord par décret du 14 mai 1864, et elle se déclara au contraire compétente pour connaître de la contestation relative aux armes de la famille de Montmorency, *parce que le décret de collation était muet sur ce point.* (Sirey, 65, 2, 121.)

Attendu que ces deux décisions traçaient nettement à M. le Marquis d'Abercorn la marche qu'il devait suivre, et qu'il a suivie; qu'en présence du décret impérial il ne pouvait pas saisir directement les Tribunaux, et devait s'adresser au Conseil d'État; mais que la règle de la séparation des pouvoirs étant ainsi obéie, les règles ordinaires de la compétence reprennent leur empire, et qu'il y a lieu pour le Conseil de renvoyer les parties devant les Tribunaux civils pour être statué sur leurs prétentions respectives touchant la propriété du titre héréditaire de duc de Châtellerault.

PAR CES MOTIFS et tous autres à développer à l'audience,

Déclarer le recours recevable ; ce faisant :

Dire que la demande présentée à l'Empereur en son Conseil du sceau par Madame la Duchesse d'Hamilton, en sa qualité de tutrice de son fils mineur, à fin de maintien et de confirmation en la personne de ce dernier, du titre héréditaire de duc de Châtellerault créé par le roi de France Henri II, en 1548, en faveur de Jacques (James) Hamilton, comte d'Arran, ayant en réalité pour objet, et devant en tous cas avoir pour résultat de faire tran-cher par l'Empereur la question de savoir si ce titre n'appartenait pas à M. le Marquis d'Abercorn, soulevait un litige de la compétence exclusive des tribunaux *et n'était pas recevable en l'état.*

Rapporter en conséquence pour incompétence, excès de pouvoir et violation de la loi, le décret attaqué.

Et condamner M. le Duc d'Hamilton aux dépens.

Subsidiairement et pour le cas où il serait décidé que l'Empereur pouvait, en l'état, statuer sur la demande de Madame la Duchesse d'Hamilton telle qu'elle était formulée, surseoir à prononcer sur le recours de l'exposant, jusqu'à ce qu'il ait été statué sur les prétentions respectives des parties touchant la propriété du titre dont il s'agit, à l'effet de quoi les parties seront renvoyées devant les Tribunaux, tous droits, moyens et dépens demeurant réservés ; si mieux n'aime l'Empereur, en son Conseil, rapporter, même dans ce cas, le décret attaqué, en réservant aux parties le droit de se pourvoir, si bon leur semble, devant les Tribunaux, et condamner M. le Duc d'Hamilton aux dépens.

Sous toutes réserves, et ce sera justice.

R. NOURRIT,

Avocat au Conseil d'État et à la Cour de cassation.

ÉDIT DU MOIS DE MAY 1711.

Louis, etc. Depuis que les anciennes Pairies Laïques ont été réunies à la Couronne, dont elles étaient émanées, et que, pour les remplacer, les Rois nos prédécesseurs en ont créé de nouvelles, d'abord en faveur des seuls Princes de leur Sang, et ensuite en faveur de ceux de leurs sujets que la grandeur de leur naissance, l'importance de leurs services, en ont rendus dignes, les titres de Pairs de France aussi distinguez autrefois par leur rareté qu'ils le seront toujours par leur élévation, se sont multipliez. Toutes les grandes Maisons en ont désiré l'éclat; plusieurs l'ont obtenu, et par une espèce d'émulation de faveur et de crédit, elles se sont efforcées à l'envi de trouver dans le comble même des honneurs, de nouvelles distinctions par des clauses recherchées avec art, soit pour perpétuer la Pairie dans leur postérité au delà de ses bornes naturelles, soit pour faire revivre en leur faveur des rangs qui étaient éteints et des titres qui ne subsistaient plus. Dans cette multitude de dispositions nouvelles et singulières, que l'ambition des derniers siècles a ajoutées à la simplicité des anciennes érections, les Officiers de notre Parlement de Paris, juges naturels, sous notre autorité, des différends illustres qui se sont élevez au sujet des Pairies, entraînés d'un côté par le poids des règles générales, et retenus de l'autre par la force des clauses particulières qu'on opposait à ces mêmes règles, ont cru devoir suspendre leur jugement et se contenter de rendre des arrêts provisionels, comme pour nous marquer par là, que leur respect attendait de nous une décision suprême qui, fixant pour toujours le droit des Pairies, pût distinguer les différens degrez d'honneur qui sont dûs aux Princes de nôtre Sang, à nos enfants légitimez et aux autres Pairs de France, affermir les véritables principes de la transmission des Pairies, ou masculines, ou féminines, et déterminer souverainement le sens légitime de toutes les expressions équivoques à l'ombre desquelles on a si souvent opposé, en cette matière, la lettre de la grâce à l'esprit du Prince qui l'avait accordée. C'est cette loi, désirée depuis si longtemps, que nous avons enfin résolu d'accorder aux souhaits des premiers Magistrats, à l'avantage des grandes

Maisons de notre Royaume, au bien même de notre État, toujours intéressé dans les Règlements qui regardent une dignité si éminente : Nous avons crû devoir y ajouter des dispositions non moins importantes, soit pour conserver l'éclat et la splendeur des Maisons honorées de cette dignité, soit pour prévenir tous les différends, qui se pourraient former à l'avenir à l'occasion de l'érection, ou de l'extinction des Pairies ; soit enfin pour terminer les contestations qui sont pendantes en notre Cour de Parlement, tant entre plusieurs desdits Ducs et Pairs, et notre Cousin le Duc de Luxembourg, qu'entre le sieur Marquis d'Antin, et plusieurs desdits Ducs et Pairs, et réunir par l'autorité souveraine de notre jugement les esprits et les intérêts de personnes qui tiennent un rang si considérable auprès de Nous. A ces causes, de notre propre mouvement, pleine puissance et autorité Royale : Nous avons dit, déclaré et ordonné, disons, déclarons et ordonnons par le présent Édit.

I. Que les Princes du Sang Royal seront honorez et distinguez en tous lieux, suivant la dignité de leur rang et l'élévation de leur naissance ; ils représenteront les anciens Pairs de France aux Sacres des Rois, et auront droit d'entrée, séance, et voix délibérative en nos Cours de Parlement à l'âge de quinze ans, tant aux Audiences, qu'au Conseil, sans aucune formalité, encore qu'ils ne possèdent aucunes Pairies.

II. Nos enfans légitimez, et leurs enfans et descendans mâles, qui posséderont des Pairies, représenteront pareillement les anciens Pairs aux Sacres des Rois, après et au défaut des Princes du Sang, et auront droit d'entrée, et voix délibérative en nos Cours de Parlement, tant aux Audiences qu'au Conseil, à l'âge de vingt ans, en prêtant le serment ordinaire de Pairs, aux séances, immédiatement après lesdits Princes du Sang, conformément à notre Déclaration du 5 may 1694, et ils précéderont tous les Ducs et Pairs, quand même leurs Duchez et Pairies seraient moins anciennes que celles desdits Ducs et Pairs ; et en cas qu'ils ayent plusieurs Pairies et plusieurs enfans mâles, leur permettons, en se réservant une Pairie pour eux, d'en donner une à chacun de leursdits enfans, si bon leur semble, pour en jouir, par eux, aux mêmes honneurs, rang, préséance et dignitez que ci-dessus, du vivant même de leur père.

III. Les Ducs et Pairs représenteront aux Sacres, les anciens Pairs, lorsqu'ils y seront appelez au défaut des Princes du Sang et des Princes légitimez, qui auront des Pairies : ils auront rang et séance entr'eux, avec droit d'entrée et voix délibérative, tant aux Audiences qu'au conseil de Nos Cours de Parlement, du jour de la première réception, et prestation de serment en Notre Cour de Parlement de Paris, après l'enregistrement des Lettres d'érection ; et seront reçus audit Parlement à l'âge de vingt-cinq ans, en la manière accoutumée.

IV. Par les termes d'*hoirs* et *successeurs*, et par les termes d'*ayans cause*, tant insérez dans les lettres d'érection, ci-devant accordées, qu'à insérer dans celles qui pourraient être accordées à l'avenir, ne seront et ne pourront être entendus, que les enfans mâles descendus de celui en faveur de qui l'érection aura été faite, et que les mâles qui en seront descendus de mâles en mâles, en quelque ligne et degré que ce soit.

V. Les clauses générales, insérées ci-devant, dans quelques lettres d'érection de Duchez et Pairies en faveur des femelles, et qui pourraient l'être en d'autres à l'avenir, n'auront aucun effet, qu'à l'égard de celle qui descendra et sera de la Maison et du nom de celui en faveur duquel les lettres auront été accordées, et à la charge qu'elle n'épousera qu'une personne que nous jugerons digne de posséder cet honneur, et dont nous aurons agréé le mariage par des Lettres Patentes, qui seront adressées au Parlement de Paris, et qui porteront confirmation du Duché en sa personne et descendans mâles, et n'aura ce nouveau Duc rang et séance que du jour de sa réception audit Parlement, sur Nosdites Lettres.

VI. Permettons à ceux qui ont des Duchez et Pairies, d'en substituer à perpétuité le chef-lieu, avec une certaine partie de leur revenu, jusqu'à quinze mille livres de rente, auquel le titre et dignité desdits Duchez et Pairie demeurera annexé, sans pouvoir être sujet à aucunes dettes ni destructions, de quelque nature qu'elles puissent être, après que l'on aura observé les formalitez prescrites par les Ordonnances, pour la publication des substitutions, à l'effet de quoi dérogeons au surplus à l'Ordonnance d'Orléans et à celle de Moulins, et à toutes autres Ordonnances, usages et Coutumes, qui pourraient être contraires à la présente disposition.

VII. Permettons à l'aîné des mâles descendants en ligne directe de celui en faveur duquel l'érection des Duchez et Pairies aura été faite, ou à son défaut, ou refus, à celui qui le suivra immédiatement, et ensuite à tout autre mâle, de degré en degré, de les retirer des filles qui se trouveront en être propriétaires, en leur en remboursant le prix dans six mois, et sans qu'ils puissent être reçus en ladite dignité; qu'après en avoir fait le payement réel et effectif, et en avoir rapporté la quittance.

VIII. Ordonnons que ceux qui voudront former quelque contestation sur le sujet desdits Duchez et Pairies, et des rangs, honneurs et préséances accordez par Nous auxdits Ducs et Pairs, Princes et Seigneurs de notre Royaume, seront tenus de nous représenter, chacun en particulier, l'intérêt qu'ils prétendent y avoir, afin d'obtenir de nous la permission de le poursuivre; et de procéder en notre Parlement de Paris pour y être jugez, si nous ne trouvions pas à propos de les décider par nous-mêmes. Et en cas qu'après y avoir envoyé une demande, les parties veuillent en former d'autres incidemment, ou qui soient différentes de la première, elles seront tenues pareillement d'en obtenir de nous de nouvelles permissions; et sans qu'en aucun cas ces sortes de contestations et procès puissent en être tirez par la voie des Évocations.

IX. Voulons que notre cousin le Duc de *Luxembourg* et de *Pincy*, ait rang tant en notre Cour de Parlement de Paris, qu'en tous autres lieux, du 22 may 1661, jour de la réception du feu duc de Luxembourg son père, en conséquence de nos lettres du mois de mars de l'an 1661, et que les arrêts rendus le 20 may 1662 et 13 avril 1696, soient exécutez définivement; sans que notre dit cousin puisse prétendre d'autre rang, sous quelque titre et prétexte que ce puisse être : Et à l'égard du Marquis d'Antin, voulons pareillement qu'il n'ait rang et séance que du jour de sa réception sur les lettres que nous lui accorderons.

Voulons et ordonnons, que ce qui est porté par le présent Édit, pour les Ducs et Pairs, ait lieu pareillement pour les Ducs non Pairs, en ce qui peut les regarder. Si donnons en Mandement à nos amez et feaux Conseillers, les Gens tenans notre Cour de Parlement de Paris, etc....

(Extrait du *Dictionnaire des arrêts* de Pierre-Jacques Brillon, M. DCC. XXVII, t. II, 4° Duc.)

Paris. — Typographie de Henri Plon, imprimeur de l'Empereur, rue Garancière, 8.